Dieses Buch kann alleine lesen:

____

Die tollsten Sport-Silben-Geschichten

CARLSEN

Silbe für Silbe zum Lese-Erfolg

Liebe Eltern,

Leseanfänger lesen langsam. Sie müssen jedes Wort Buchstabe für Buchstabe, Silbe für Silbe erlesen. Alle Wörter der Geschichten in diesem Band sind in farbigen Silben markiert. Diese kurzen Buchstabengruppen können Leseanfänger schneller erfassen als das ganze Wort.

Bei den markierten Silben handelt es sich um Sprechsilben. Das heißt, die Wörter sind so in Silben aufgeteilt, wie sie gesprochen werden. Die Sprechsilben entsprechen fast immer auch der möglichen Worttrennung, also den Schreibsilben.

Nur bei der Trennung einzelner Vokale gibt es einen Unterschied: Nach den aktuellen Rechtschreibregeln werden einzelne Vokale am Wortanfang oder -ende nicht abgetrennt. Beim Sprechen unterteilen wir solche Wörter jedoch in mehrere Silben, daher sind sie in diesem Band ebenfalls mit unterschiedlichen Farben markiert: Oma, Radio.

Ihnen und Ihrem Kind viel Spaß beim Lesen!

Inhalt

Anni und Nils turnen

Eine Geschichte von Christiane Bartelsen
mit Bildern von Joachim Krause

In der Turnhalle

Anni ist aufgeregt.
Heute bringt Mama sie wieder
zum Kinderturnen.
Diesmal kommt ihr Freund
Nils auch mit!
Anni will ihm alles zeigen, was sie
beim letzten Mal gemacht hat.

Vor allem das Schaukeln
mit den Ringen,
die von der Decke hängen!

Zuerst ziehen Anni und Nils ihre Sportsachen an.
Danach gehen sie zusammen in die Turnhalle.
Die anderen Kinder stehen schon in einem Kreis.
„Da seid ihr ja!“, ruft Julia.
Sie ist die Turnlehrerin.

Schnell laufen Nils und Anni
zu den anderen.
„Wir singen am Anfang immer
ein Lied“, erklärt Julia.
Sie sieht sehr nett aus,
findet Nils.

„Wir laufen und springen,
wir hüpfen und singen,
wir krabbeln und spielen
und dann – balancieren!“
Alle Kinder singen mit.
Dabei springen sie hoch und runter.
Auch Nils und Anni hüpfen mit.

„Schlangen-Laufen!“,
ruft Julia danach und rennt los:
kreuz und quer durch die Halle.
„Hinterher!“, rufen die Kinder
und versuchen, Julia einzuholen.
Sie laufen um die Bänke herum
und im Zickzack um die Hütchen.
Nils hat knallrote Wangen.
Jetzt ist ihm aber ganz schön warm!

Leserätsel

Was stimmt?

B Anni und Nils sind Geschwister.

J Anni und Nils sind Freunde.

C Anni und Nils kennen sich nicht.

Wohin gehen Anni und Nils?

U Zum Kinderturnen

T Zum Schwimmen

M Zum Sportplatz

Was will Anni Nils unbedingt zeigen?

S Das Springen im Kreis

A Das Balancieren

L Das Schaukeln mit den Ringen

Was ziehen die Kinder zum Turnen an?

O Knieschoner

E Fußballschuhe

I Sportsachen

Womit beginnt das Kinderturnen?

A Die Kinder stehen im Kreis und singen.

E Die Kinder stehen Rücken an Rücken und springen.

I Die Kinder krabbeln und ringen.

Die Buchstaben neben den richtigen Antworten verraten dir, wie Annis Turnlehrerin heißt:

__ __ __ __ __

Verschiedene Turngeräte

„Und wo sind die Schaukeln?“, fragt Nils.
„Da!“, zeigt Anni.
Mitten im Raum hängen Seile
mit Ringen von der Decke.
„Am besten steckst du die Beine
in die Ringe“, erklärt Anni. „Probier mal!“
Das lässt sich Nils nicht zweimal sagen.
Schon schwingt er hin und her.
So ein Spaß!

„Ich geh zu den Bällen!“,
ruft Anni und rennt los.
Julia hält Annis Hand, während sie
über die Bälle balanciert.
Das ist gar nicht so einfach.
Wie das wackelt!
Als Anni das Ende erreicht hat,
schaut sie sich um.
Nils ist nicht mehr da!

Anni sucht in der ganzen Turnhalle.
Da kommt Nils durch die Tür.
„Wo warst du?“, fragt Anni.
„Ich hab Hunger!“, antwortet er
und hält ein Käsebrot hoch.

„Hey, das darfst du nicht!“, ruft Anni.
„In der Halle ist Essen verboten!“
Da kommt Julia …
„Das Käsebrot isst du lieber nachher!“,
erklärt sie.

Julia nimmt Nils mit
zum Balancierbalken.
Ist der aber schmal!
Ganz langsam setzt Nils
einen Fuß vor den anderen
auf den Balken.
Aber irgendwie kommt er
ins Schwanken, und dann …

… liegt er plötzlich auf der Matte!

Ein paar Kinder lachen.

Nils wird rot.

Aber der Junge, der nach ihm dran ist,

kann sich auch nicht halten.

Schon fällt er neben Nils auf die Matte.

„Gemütlich hier, was?“,

lacht der Junge.

Da muss Nils auch lachen!

„Komm, wir gehen
durch den Tunnel!“, ruft Anni.
„Ich zuerst!“
Nils hockt sich hin und
krabbelt Anni hinterher.
Der Tunnel führt direkt
zur Sprossenwand.
Anni ist schon dort.
„Bis zum roten Band“,
ruft sie.

Schnell klettert Nils hinterher und erreicht das Ziel gleichzeitig mit Anni. „Eingeholt!“, ruft er stolz.

Am Ende der Stunde sammeln sich alle vor einer dicken Turnmatte. „Na, wer will heute mit dem Floß fahren?“, fragt Julia. Anni, Nils und einige andere Kinder hüpfen sogleich auf die Matte. Die übrigen schieben die Matte durch den Raum – ganz schnell! Alle kichern.

Vor der Turnhalle wickelt Nils endlich sein Käsebrot aus.

„Jetzt darf ich aber reinbeißen!“, freut er sich.

Anni lacht.

„Kommst du nächstes Mal wieder mit?“, fragt sie.

„Ja, klar“, antwortet Nils schmatzend, „da esse ich dann aber vorher!“

Leserätsel

Hier hat sich ein Fehler eingeschlichen.
Was stimmt nicht? Kreuze an.
In der Turnhalle gibt es …

G	Ringe	P	Sprossenwand
F	Hütchen	D	Turnmatten
H	Bälle	B	Zuckerwatte

Was ist richtig? Kreuze an:

Nils ist kurz verschwunden …

E … weil er aufs Klo musste.

A … weil er Hunger hatte.

Was macht Anni mit den Bällen?

S Sie jongliert mit den Bällen.

L Sie balanciert auf den Bällen.

Wer erreicht das rote Band an der Sprossenwand zuerst?

T Anni

W Nils

L Anni und Nils gleichzeitig

Die Buchstaben neben den richtigen Antworten ergeben ein Lösungswort:

__ __ __ __

Lösungen

Seite 16/17:

Anni und Nils sind Freunde.
Anni und Nils gehen zum Kinderturnen.
Anni will Nils unbedingt das Schaukeln
mit den Ringen zeigen.
Die Kinder ziehen Sportsachen an.
Die Kinder stehen im Kreis und singen.
Annis Turnlehrerin heißt JULIA.

Seite 28/29:

In der Turnhalle gibt es keine Zuckerwatte.
Nils ist kurz verschwunden, weil er Hunger hatte.
Sie balanciert auf den Bällen.
Anni und Nils erreichen das Band gleichzeitig.
Das Lösungswort lautet BALL.

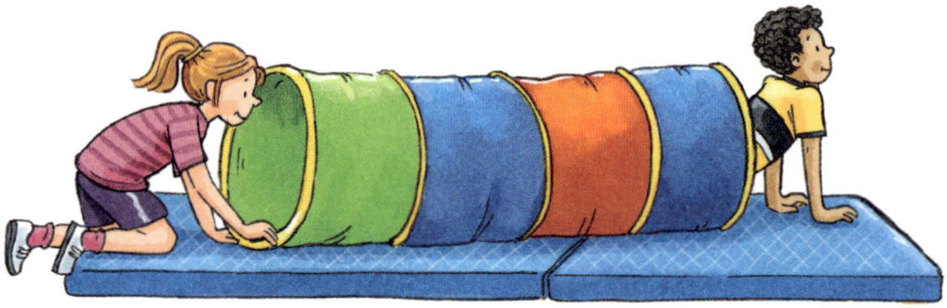

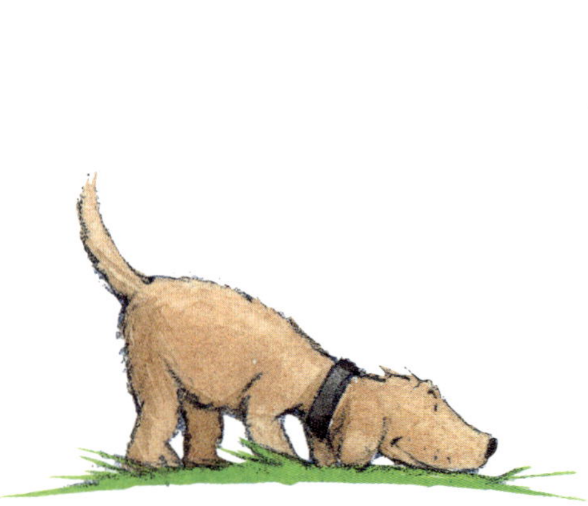

Das beste Fahrrad der Welt

Eine Geschichte von Manuela Mechtel
mit Bildern von Gerhard Schröder

Ein besonderes Geschenk

Niko wünscht sich ein Mountainbike.
Schon lange!
Sonst will er nichts.
Keinen Fußball,
keine neue Spielekonsole,
nur ein Mountainbike.
Gestern war sein Geburtstag.
Auf dem Tisch stand
ein Geburtstagskuchen.
Aber kein einziges Geschenk.
Niko hat sich gewundert.

Er hat die sieben Kerzen
auf seinem Geburtstagskuchen
ausgepustet.
Dann sollte er die Augen zumachen.
Und plötzlich stand vor ihm
ein nagelneues Mountainbike.
Mit einem Tacho und mit 21 Gängen!
Am Lenker baumelte dann
auch noch ein Geschenk.

Darin war ein feuerroter Fahrradhelm.
Niko hat sich sehr gefreut.
So tolle Geschenke!
Sein Papa hat ihm stolz
das tiefe Profil der Reifen,
die Federgabel und die Federung
unter dem Sattel gezeigt.
„Damit kannst du über
Stock und Stein fahren“,
hat er gesagt.

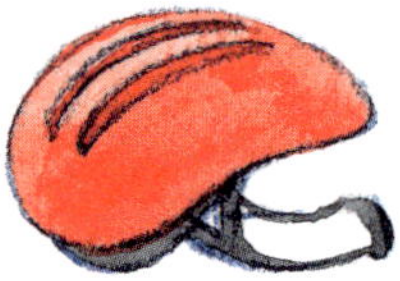

Genau das übt Niko heute.
Der feuerrote Fahrradhelm sitzt
fest auf seinem Kopf.
Wenn er den Lenker hochreißt,
springt das Mountainbike.
Die Kunst dabei ist,
nicht aus dem Sattel zu fliegen.
Niko fährt in den Wald.
Den steilen Weg dorthin
schafft er im 3. Gang.

Leserätsel

Kreuze die richtigen Antworten an.

Wie alt war Niko vorgestern?

- S 7 Jahre
- P 6 Jahre
- T 8 Jahre

Was setzt sich Niko auf den Kopf?

- A Einen Hut
- E Einen Fahrradhelm
- O Eine Krone
- U Ein Vogelnest

Das Mountainbike von Niko hat

D einen Tacho.

N einen Kofferraum.

T einen Motor.

A eine Federgabel.

R ein Ruder.

L eine Gangschaltung.

Die Buchstaben neben den richtigen Antworten ergeben ein Lösungswort:

_ _ _ _ _

Was ist das?

Ein R _ _ F _ _ P _ _ _ _ L

Niko macht das schon

Am Waldrand sieht Niko
seinen Nachbarn Udo.
Er geht mit seinem Hund spazieren.
Niko tritt in die Pedale.
Kleine Steine fliegen zur Seite,
als er vor Udo anhält.
Udo fällt das neue Mountainbike
gar nicht auf.
„Lilo ist weg“,
sagt er aufgeregt.

Er holt sein Handy
aus der Tasche.
Dabei rutscht ihm die Hundeleine
aus der Hand.
„Fido!“, schreit Udo.
So heißt sein Hund.
Wie eine Rakete zischt
Fido den Weg entlang.
„Jetzt haut auch noch
der Hund ab“, stöhnt Udo.

„Ich mach das schon!“,
ruft Niko.
Er sprintet mit seinem Mountainbike
hinter dem Hund her.
Fido hat einen ganz schönen Zahn drauf.
Der Tacho zeigt schon 31 km/h!
Aber da biegt der Hund
auf einen schmalen Weg ab.

Niko bremst und flitzt,
so schnell er kann, hinterher.
Morsche Stöcke zerbrechen
unter seinen Reifen,
als er darüber fährt.
Der Hund bellt. Aber wo?
Niko hat ihn aus den Augen verloren.

Leserätsel

Wen trifft Niko am Waldrand?

- [ ] Uli
- [ ] Udo
- [ ] Ida
- [ ] Ali

Wer ist hier verborgen?

Male alle Felder mit einem Punkt aus.

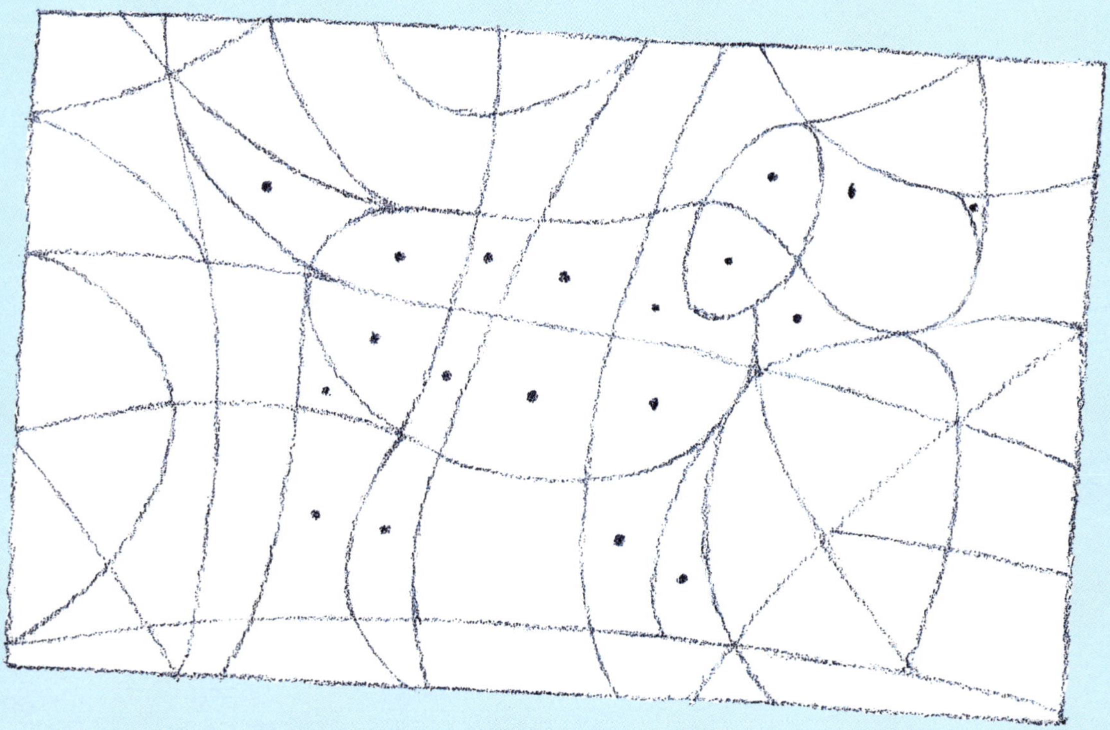

Was zeigt ein Tacho an?

A Die Uhrzeit

H Die Temperatur

O Die Geschwindigkeit

T Das Gewicht von Niko

U Die Jahreszeit

Trage den Buchstaben neben der richtigen Antwort ein:

Fidos Frauchen heißt __ __ __ __.

Wie kommt Niko zu Fido?

Gerettet!

Niko folgt dem Bellen von Fido.
Ein umgekippter Baumstamm liegt
mitten auf dem Weg.
Niko springt mit seinem
Mountainbike darüber.
Die Federgabel federt
den Sprung gut ab.
Dann hört Niko
eine Stimme: „Fido!“

Der Weg macht eine Kurve.
Niko bremst scharf!
Lilo liegt auf dem Boden.
Der Hund hört auf zu bellen.
„Was für ein Glück,
dass du kommst, Niko!
Ich bin beim Joggen
über einen Stock gestolpert.
Mein Bein hat laut gekracht
und mit dem Kopf bin ich
auf einen Stein gefallen“,
erzählt Lilo.

Sie hat eine Beule am Kopf.
Vorsichtig fasst sie
mit der Hand daran.
„Dann weiß ich nichts mehr.
Ich bin aufgewacht,
als mein Handy geklingelt hat.
Irgendwo da."
Lilo zeigt auf die Büsche.
In dem Moment klingelt es wieder!
Fido saust in die Büsche.

Niko lacht, als der Hund
mit dem Handy im Maul zurückkommt.
Lilo nimmt es in die Hand.
Udo ist dran.
„Ich bin im Wald hingefallen,
Liebling", sagt Lilo.
„Mein Bein ist gebrochen.
Aber Niko ist bei mir.
Und der Hund!"

Udo ruft sofort
einen Notarztwagen.
Niko fährt zurück zu Udo,
so schnell er kann.
Durch den Wald über
Stock und Stein,
die Hände fest am Lenker.
Dann führt er Udo und
die Sanitäter zu der Stelle,
wo Lilo mit Fido wartet.
Die Sanitäter legen Lilo
auf eine Trage.

„Ohne Niko und
sein Mountainbike
hätte ich dich nie gefunden“,
sagt Udo erleichtert.
„Auch nicht ohne
diesen klugen Hund“,
lächelt Lilo.
Stolz nimmt Niko die Hundeleine
in die Hand und steigt
auf sein Mountainbike.

Infoseite
So sieht das Mountainbike von Niko aus:

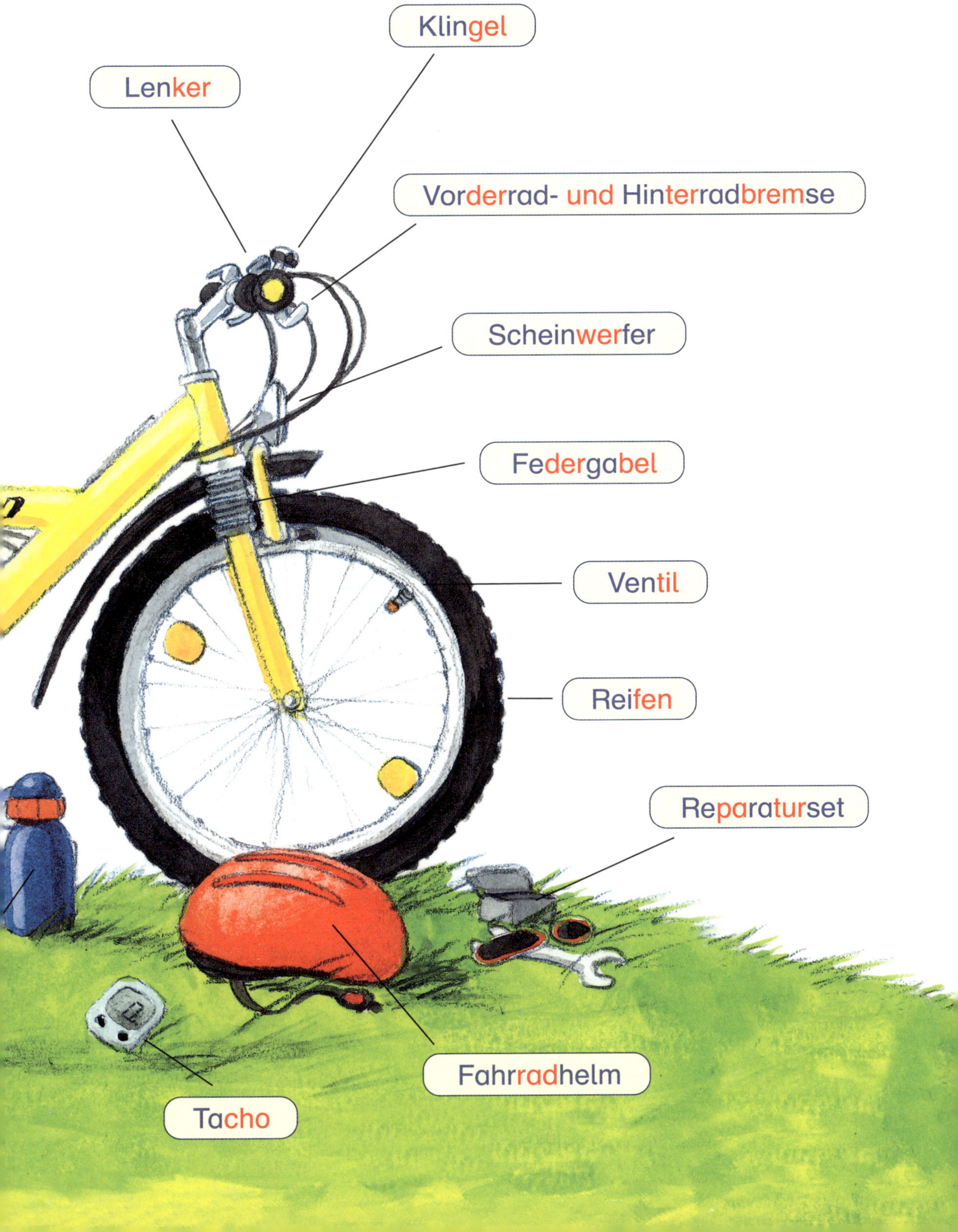
Klingel
Lenker
Vorderrad- und Hinterradbremse
Scheinwerfer
Federgabel
Ventil
Reifen
Reparaturset
Fahrradhelm
Tacho

Lösungen

Seite 38/39:

Vorgestern war Niko 6 Jahre alt.
Niko setzt sich einen Fahrradhelm auf den Kopf.
Das Mountainbike von Niko hat einen Tacho,
eine Federgabel und eine Gangschaltung.
Das Lösungswort lautet PEDAL.
Ein REIFENPROFIL

Seite 44/45:

Niko trifft Udo im Wald.
Fido ist auf dem Bild.
Der Tacho zeigt
die Geschwindigkeit an.
Fidos Frauchen heißt LILO.

Ein spannendes Turnier

Eine Geschichte von Annette Neubauer
mit Bildern von Astrid Vohwinkel

Ein besonderer Tag

Heute sind viele Besucher
auf dem Reiterhof.
Denn gleich findet
ein großes Turnier statt.
Tom und Pia sind noch im Stall
und putzen Toms Pony.
Jetzt deckt Pia den Rücken
mit einer Decke ab.

Darauf legt Tom einen Sattel,
an dem die Steigbügel hängen.
Seine Freundin zieht den Gurt fest.
Dann gibt sie dem Pony eine Möhre,
die frisst es so gerne.
Deswegen heißt das Pony
auch Möhrchen.
Das Pony wiehert freudig.
Möhrchen spürt genau:
Gleich geht es los!

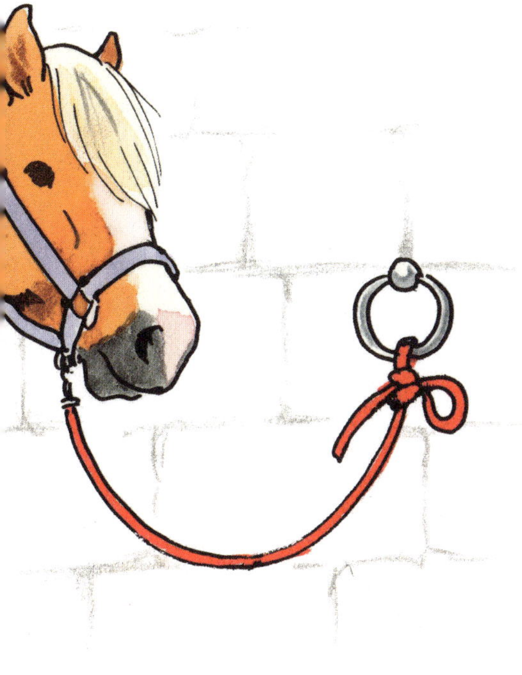

„Heute ist ein ganz besonderer Tag“,
flüstert Tom Möhrchen zu.
„Wir werden unser erstes Turnier reiten.“
Pia sieht Toms rote Ohren und weiß:
Tom ist viel aufgeregter als sein Pony.
Ihr eigenes Herz klopft auch
ganz schnell.
„Tom hat so viel geübt“, denkt sie.
„Hoffentlich klappt alles.“

Dann schielt Pia durch die Stalltür.
Draußen stehen viele Menschen,
die laut reden und lachen.
Jetzt ruft ein Mädchen
nach seinem Hund.
Ob die fremden Geräusche
und Gerüche das Pony
nervös machen werden?

Leserätsel

Auf dem Reiterhof sind viele

- M Besucher.
- N Pinguine.
- W Bewohner.

Heute ist ein besonderer Tag, weil

- O ein großer Turner eingeladen ist.
- E ein großer Zirkus kommt.
- U ein großes Turnier stattfindet.

Was stimmt?

- S Pia gibt Möhrchen einen Apfel.
- T Pia gibt Möhrchen eine Möhre.
- R Tom gibt Möhrchen eine Möhre.

Die Buchstaben neben den richtigen
Antworten ergeben ein Lösungswort:

— — —

Was ist in einem Stall?
Kreuze die richtigen Dinge an.

Die Buchstaben neben den richtigen
Bildern ergeben in der richtigen
Reihenfolge ein Lösungswort:

— — — — — — —

Das Turnier beginnt

„Sitzt der Sattel wirklich gut?“,
fragt Tom.
„Klar!“ Pia streichelt sanft
Möhrchens Hals.
Das Pony tritt von einem Huf
auf den anderen.
Es will hinaus auf die Koppel.
Da kommt Klara in den Stall.
„Wo bleibst du denn?“,
ruft die Reitlehrerin Tom zu.
„Der Schiedsrichter wartet schon.“

Tom setzt hastig seinen Reithelm auf.
Klara eilt wieder nach draußen.
Tom und Pia gehen auch aus dem Stall.
Dabei führt Tom sein Pony am Zügel.
Auf der Koppel stehen schon
viele andere Kinder mit ihren Ponys.
Pia bleibt am Zaun stehen.
Von dort will sie das Turnier beobachten.
„Viel Glück!“, wünscht sie
ihrem Freund.

Endlich beginnt das Turnier.
Die Reiter führen ihre Ponys
eine Runde im Kreis herum.
Die Tiere traben friedlich hintereinander.
Doch plötzlich bleibt ein Pony stehen.
Es rührt sich nicht mehr vom Fleck.
Klara läuft auf die Koppel.
Sie nimmt die Zügel des Ponys
und spricht ganz ruhig mit ihm.
Endlich trabt das Pony weiter.
Klara führt es vom Platz.

Die kleine Reiterin geht traurig nebenher.
Klara legt tröstend den Arm um sie.
Das Mädchen hat das Turnier
nicht bestanden.
„Wie schade“, denkt Pia.
Sie blickt besorgt zu Tom, der sein Pony
wieder zum Schiedsrichter führt.
Der Schiedsrichter lächelt und nickt.
Tom hat den ersten Teil geschafft!

Le**se**rät**sel**

Welche Wörter findest du auf der Wiese?

Setze die fehlenden Buchstaben ein:

Tom führt das Pony am ZÜ□EL.

Die beiden gehen zur KOPP□L.

Dort wartet der SCHIEDS□ICHTER.

Die Buchstaben in den Kästchen ergeben ein Lösungswort:

__ __ __ __ __ __

Wie kommen die Ponys zu ihrem Lieblingsfutter?

Zeichne die richtigen Wege ein.

Möhrchen wird unruhig

Jetzt beginnt der zweite Teil
des Turniers.
Pia beobachtet gespannt,
wie Tom seinen Fuß in den Steigbügel
stellt und aufsitzt.
Sein Pony bleibt ruhig stehen.
Als Tom Möhrchen mit den Füßen
ein Zeichen gibt, trabt es mit
erhobenem Kopf los.
Sein Schweif und die Mähne
wippen auf und ab.
Auch diese Runde besteht
Tom glänzend.

„Jetzt kommt der schwierigste Teil“, weiß Pia.
Klara verteilt Gläser an die jungen Reiter.
Die Gläser sind halb mit Wasser gefüllt.
„Möhrchen muss jetzt ganz vorsichtig im Schritt gehen“, denkt Pia,
„damit Tom beim Reiten kein Wasser verschüttet.“

Möhrchen geht los.
Tom hält das Glas in der linken Hand.
In der rechten Hand hat er die Zügel.
Jetzt reitet er dicht am Zaun vorbei.
„Bravo!“, ruft Pia laut und klatscht.
„Weiter so! Bravo!“

Da schüttelt Möhrchen den Kopf
und wiehert freudig.
Tom zieht die Zügel straffer.
Das Wasser in seinem Glas
schwappt gefährlich.
Pia erschrickt fürchterlich.
Hat sie das Pony etwa
durcheinandergebracht?
Wenn Tom das Turnier nun
nicht besteht?
Nur wegen ihr?

Doch Tom findet schnell
das Gleichgewicht wieder und
sein Pony geht ruhig an Pia vorbei.
Möhrchen blinzelt kurz mit den Augen,
als ob es Pia grüßen würde.
Als Tom die Runde beendet hat,
zeigt er dem Schiedsrichter sein Glas.
Der Schiedsrichter redet kurz mit Tom
und gibt ihm etwas.
Tom reitet zu seiner Freundin.

„Wir haben das Turnier bestanden!“,
ruft er Pia schon von Weitem zu.
Tom strahlt und winkt
mit seiner Siegerschleife.
Als er den Zaun erreicht, stupst
das Pony Pia mit dem Kopf an.
„Das nächste Turnier will
Möhrchen wohl mit dir reiten“,
sagt Tom und steigt ab.
Flink klettert Pia über den Zaun
und ruft noch einmal ganz laut:
„Bravo, Tom und Möhrchen!“

Infoseite Reiterprüfung

Reitabzeichen sind sehr wichtig
für junge Reiterinnen und Reiter.
Bei den Prüfungen wird zunächst das Wissen über
Pferde abgefragt, zum Beispiel zur Ausrüstung,
Pflege und Fütterung.

Dann wird der Umgang mit dem Tier überprüft,
ob es beispielsweise gut geputzt und richtig
angebunden ist.

Schließlich wird beurteilt, wie gut der Reiter im Sattel sitzt. Beim Vorreiten muss der Reiter zeigen, dass er alle drei Gangarten (Schritt, Trab und Galopp) auf seinem Pferd reiten kann.

Übrigens: Ponys und Pferde gehen von Natur aus vorwärts. Bei Turnieren mit sehr geübten Reitern sieht man manchmal, dass die Tiere auch seitwärts oder rückwärts gehen. Das ist für die Pferde sehr schwierig und erfordert viel Übung.

Seite 62/63:

Auf dem Reiterhof sind viele Besucher.
Heute ist ein besonderer Tag, weil ein großes Turnier stattfindet.
Pia gibt Möhrchen eine Möhre.
Das Lösungswort lautet MUT.
Das ist in einem Stall:

Das Lösungswort lautet TURNIER.

Seite 68/69:

KREIS, REITER, SATTEL
Tom führt das Pony am ZÜGEL.
Gemeinsam gehen sie zur KOPPEL.
Dort wartet bereits der SCHIEDSRICHTER.
Das Lösungswort lautet SIEGER.

Lösungen

Jule traut sich!

Eine Mutmach-Geschichte
von Anne Wagenhoff
mit Bildern von Sigrid Leberer

Die erste Schwimmstunde

Mama hat Jule zum Schwimmkurs angemeldet.

„Nächste Woche geht's los", sagt sie.

Jule strahlt. Super!

Dann muss sie nicht mehr mit den Kleinen im Planschbecken baden, sondern darf endlich ins große Becken.

Wie ihr Bruder Ben.

Der kann schon schwimmen und sogar Kopfsprung machen.

„Im Schwimmkurs muss man aber vom allerhöchsten Sprungbrett springen", ruft Ben. „Das traust du dich nie!"

„Das stimmt doch gar nicht, Ben", schimpft Mama.

„Mach ihr keine Angst!"

„Genau!“, sagt Jule.
Aber wenn sie an den hohen Sprungturm im Schwimmbad denkt, wird ihr doch mulmig.
„Kommt Lotta auch mit?“, will sie fragen.
Aber da fällt Jule ein, dass ihre Freundin ja schon schwimmen kann.
Oje. Bestimmt sind im Schwimmkurs nur fremde Kinder.
Jule schluckt.
Eigentlich ist es im Planschbecken doch gar nicht so übel, denkt sie.

Am nächsten Tag geht Mama mit Jule einkaufen. Sie soll Badelatschen und einen neuen Badeanzug bekommen.

„Gefällt dir der rote?“, fragt Mama.

„Oder der bunt gestreifte?“

Jule zuckt mit den Schultern: „Egal.“

„Na so was“, wundert sich Mama.

„Du hast dich doch so auf den Schwimmkurs gefreut.“

„Jetzt aber nicht mehr“, sagt Jule.

„Eigentlich möchte ich überhaupt nicht schwimmen lernen. Und die anderen Kinder kenne ich auch nicht.“

Mama streicht Jule über den Kopf.
„Die anderen sind sicher auch aufgeregt.
Und wenn du sie erst mal kennenlernst,
vergeht deine Angst bestimmt von selbst."
Jule nickt zögernd.
Da entdeckt sie einen Badeanzug mit
einem lustigen Drachen vorne drauf:
„Guck mal, der sieht ja aus wie
mein Kuscheldrache!"
„Stimmt", sagt Mama. „Der Badeanzug
macht bestimmt drachenstark.
Den kaufen wir!"

Heute ist es so weit:
Mama bringt Jule zum Schwimmbad.
In der Halle stehen schon einige Kinder
und Eltern.
Eine junge Frau kommt auf die Gruppe zu.
„Hallo, ich bin Nina“, sagt sie.
„Ich bin eure Schwimmlehrerin.“

Die sieht eigentlich ganz nett aus,
findet Jule.
Und dann entdeckt sie einen Jungen,
den sie aus der Nachbarschaft kennt.
„Hallo, Jan“, ruft sie ihm zu und
er winkt fröhlich zurück.

„Los geht's", sagt Nina. „Eure Eltern können euch in einer Stunde wieder abholen."

Mama sagt, dass sie in der Halle auf Jule warten wird.

„Du kannst Nina jederzeit sagen, wenn du eine Pause machen möchtest. Und dein Drache passt gut auf dich auf."

Jule kann nur noch schnell nicken, da zieht Jan sie schon am Ärmel hinter sich her.

Nina hilft den Kindern beim Umziehen.
Sie findet Jules Badeanzug auch
drachenstark.
„So, kurz duschen und dann ab ins
Wasser“, ruft die Schwimmlehrerin.
Jules Herz macht einen kleinen Hüpfer.
Jetzt freut sie sich doch ein bisschen.

Im Schwimmbecken stellen sich
alle Kinder im Kreis auf.
Sie hüpfen, machen Hampelmann und
drehen sich auf der Stelle.
Sie tauchen das Gesicht halb ein
und atmen spritzend unter Wasser aus.
Jule prustet: „Ich bin ein Wasser
spuckender Drache!“
Jan schnaubt zurück: „Und ich bin
ein riesiger Wal!“

Schon ist die erste Schwimmstunde zu Ende.
„Das war super!“, sagt Jule zu Mama, als sie nach Hause gehen.

Leserätsel

Kreuze die Kästchen neben den richtigen Antworten an. Wenn du die Buchstaben der Reihenfolge nach unten rechts einträgst, erhältst du ein Lösungswort.

Wo möchte Jule nicht mehr baden?

- AM Im Baggersee
- KO Im Freibad
- BE Im Planschbecken

Was kann Jules Bruder Ben schon?

- ST Tauchen und schnorcheln
- CK Schwimmen und Kopfsprung machen
- PL Kraulen und paddeln

Was bekommt Jule neu?

EN Badelatschen und einen Badeanzug

ZU Taucherbrille und Schnorchel

RI Ein aufblasbares Schwimmtier und ein Handtuch

Wenn du alles gewusst hast, erfährst du, wo Jule endlich schwimmen gehen möchte.

Lösungswort:

Im großen __ __ __ __ __ __

Verschiedene Übungen

In den nächsten Stunden üben
die Kinder mit Schwimmbrettern und
Schwimmnudeln.
Sie gleiten durchs Wasser,
paddeln mit den Füßen und machen
lustige Froschbewegungen.

Heute lernen sie Tauchen.
Zum Schluss kann Jule
schon einen Ring vom
Boden fischen.
„Nächstes Mal üben wir Springen“,
sagt Nina beim Abschied.

„Juhu!“, schreit Jan.
Jule schaut besorgt
zum Sprungturm.
Puh, ist der hoch!
Ihr Herz klopft wie wild.
Aber diesmal nicht vor Freude.
Auf dem Heimweg ist Jule ganz still.
„Bist du müde, mein kleiner
Wasserdrache?“, lacht Mama.
„Hmm“, macht Jule nur und
trottet langsam hinterher.

Am Abend kann Jule nicht einschlafen. Sie muss immer an den Sprungturm denken und ihr Herz klopft wild. Sie hat ein ganz flaues Gefühl im Bauch.

„Mamaaa", ruft Jule.

Da kommt Mama schon ins Zimmer und fragt: „Hast du schlecht geträumt?"

„Nein, ich habe Bauchweh", jammert Jule. „Ich glaube, ich kann morgen nicht zum Schwimmkurs gehen."

„Mein armer Wasserdrache“, sagt Mama. „Ich mache dir erst mal eine Wärmflasche und morgen sehen wir weiter.“

Jule nickt.

Ihr Herzklopfen beruhigt sich und schließlich schläft sie doch ein.

Am nächsten Morgen beißt Jule beim Frühstück herzhaft in ihr Honigbrot.

„Toll, du hast wieder Appetit“, sagt Mama. „Dann kannst du doch schwimmen gehen.“

„Äääh, eigentlich habe ich aber noch Bauchweh“, druckst Jule herum.

Mama schaut sie ernst an:

„Ist das vielleicht ein besonderes Schwimm-Bauchweh?“

„Eher Spring-Bauchweh“, sagt Jule leise.

Dann erzählt sie Mama, dass sie heute ins Schwimmbecken springen sollen.

„Sicher von ganz oben!“, seufzt sie.

Mama beruhigt Jule: „Bestimmt springt ihr erst mal vom Beckenrand. Und wenn du das auch nicht möchtest, ist das okay. Dann sagen wir Nina das.“

„Aber ich will kein Angsthase sein, sonst lachen die anderen mich aus“, sagt Jule. „Jeder hat mal Angst“, antwortet Mama. „Das ist gar nicht schlimm. Das schützt uns davor, etwas Gefährliches zu tun. Aber manchmal musst du deine Angst auch überwinden, damit du etwas Schönes nicht verpasst. Vielleicht macht es doch Spaß, ins Wasser zu hüpfen. Es muss ja nicht von ganz oben sein.“ Jule überlegt: „Vom Beckenrand traue ich mich vielleicht. Aber nur, wenn Nina dabei ist.“

Im Schwimmbad wird es Jule
doch wieder etwas mulmig.
Jan will gleich zum Sprungturm rennen,
aber Nina ruft: „Stopp! Kommt erst mal
alle zum Beckenrand und setzt euch.“
Jule atmet erleichtert auf.

Zuerst sollen die Kinder aus dem Sitzen
ins Wasser hüpfen, dann aus der Hocke
und schließlich aus dem Stehen.
Das macht so viel Spaß, dass Jule
ihre Angst schnell vergisst.

„Wer möchte mal vom 1-Meter-Brett springen?“, fragt Nina nach einer Weile.
Jan ruft sofort: „Iiiiiich!“
Jules Herz fängt an zu pochen.
Sie schaut verlegen zum Boden.
Aber dann sagt sie laut: „Ich möchte nicht. Das ist mir noch zu hoch.“
Ein anderer Junge sagt: „Ich will auch nicht“, und kein Kind lacht sie aus.
Alle Kinder dürfen noch ein bisschen springen.

Vom Beckenrand, vom Startblock
und vom 1-Meter-Brett.
Zum Schluss traut sich Jule sogar,
aus dem Stehen ins tiefe Wasser
zu springen.

„Das war mutig zu sagen, dass du nicht vom Sprungbrett springen möchtest“, sagt Mama auf dem Heimweg. „Es gehört nämlich auch Mut dazu, anderen zu sagen, wenn man vor etwas Angst hat.“

Jule überlegt kurz.
„Stimmt!“, sagt sie.
„Und weißt du, was ich auch
toll fand?“, fragt Mama.
„Dass du deine Angst
überwunden hast und
über deinen Schatten
gesprungen bist.
Oder besser gesagt,
über den Beckenrand.“
Jule muss kichern.
„Ben wird staunen,
was ich mich alles traue!“,
sagt sie und ist sehr stolz darauf,
was sie heute geschafft hat.

Infoseite
Angst zu haben, ist nicht schlimm

Hier findest du ein paar wichtige Sätze, die dir vielleicht in schwierigen Situationen helfen können:

- Angst zu haben, ist ganz normal. Denn Angst kann uns davor bewahren, etwas Gefährliches zu tun. Manchmal muss man seine Angst aber auch überwinden und sich etwas trauen.
- Wichtig ist, dass du herausfindest, wovor du Angst hast und was du vielleicht dagegen tun kannst.
- Stärke hat nichts mit körperlicher Kraft zu tun – dazu gehören auch Vernunft, Klugheit und Selbstvertrauen.
- Starke Kinder kennen ihre Fähigkeiten und akzeptieren ihre Schwächen.
- Starke Kinder nehmen Herausforderungen an, erkennen aber auch, wo ihre Grenzen liegen.

- Die Geschichte von Jule erzählt von einer Herausforderung und wie sie diese meistert. Sie zeigt, dass Angst verschwinden kann, wenn man über den eigenen Schatten springt. Jule merkt, dass sie viel mehr kann, als sie sich zugetraut hat.
- Vielleicht erkennst du dich in der Geschichte von Jule wieder und dir fallen noch andere Situationen ein, in denen es dir ähnlich ging. Dann trau dich, darüber zu sprechen!

Seite 92/93:

Jule möchte nicht mehr im Planschbecken baden.
Jules Bruder Ben kann schon schwimmen und
Kopfsprung machen.
Jule bekommt neue Badelatschen und
einen neuen Badeanzug.
Jule möchte endlich im großen BECKEN
schwimmen gehen.

Ich hab einen Freund, der ist Fußballtrainer

Eine Geschichte von Ralf Butschkow
mit Bildern von Ralf Butschkow

Training vor dem Spiel

Heute ist Freitag und endlich
wieder Fußballtraining.
Gerade komme ich mit Mama
vor dem Fußballplatz an,
da hält Norbert neben mir.
„Hallo, Steffen“, begrüßt er mich.
„Bist du fit? Wir haben morgen
ein wichtiges Spiel.“

Norbert ist der Trainer des Fußballteams, in dem ich spiele.

In der Umkleidekabine ziehen sich
schon einige meiner Mitspieler um.
„Du musst heute die Stollenschuhe
nehmen“, sagt Norbert zu einem Jungen.
„Wir trainieren heute auf dem Rasenplatz.
Die Schuhe ohne Stollen gehen nur
in der Halle oder auf Kunstrasen.
Auf Rasen geben dir die Stollen mehr Halt.“

Heute ist das letzte Training vor dem wichtigen Spiel am Wochenende. Dann geht es um den Pokalsieg.

Wie immer beginnen wir
mit Aufwärmübungen.
Die sind wichtig,
damit wir uns nicht verletzen
oder etwas zerren.
Norbert kennt sich aus und
gibt genaue Anweisungen.
Er war nämlich mal Profispieler
bei einem Ligaverein.

Außerdem hat er einen Trainerschein machen müssen, da lernt man alles, was man bei diesem Beruf wissen muss. Nach dem Aufwärmen üben wir mit den Bällen dribbeln, passen und Torschüsse. Auch hier gibt Norbert Anweisungen: „Den Körper beim Schuss über den Ball, Steffen“, ruft er mir zu, „so kannst du den Ball besser kontrollieren.“

Nach dem Training treffen wir uns alle noch mit unseren Eltern im Vereinshaus. Weil morgen das wichtige Pokalspiel ist, bespricht Norbert mit uns die Taktik und die Aufstellung unseres Teams. Unser letztes Spiel hat er mit einer Kamera gefilmt. So kann er uns zeigen, welche Fehler wir gemacht haben.

Er erklärt, was wir besser machen sollten.
Der Verein spendiert für alle Kinder
eine große Apfelsaftschorle. Lecker!
Dann gibt es noch eine große
Überraschung für alle.

Norbert hat von seinem ehemaligen Ligaverein Freikarten für ein Spiel bekommen.
Zusammen mit unseren Eltern gehen wir nach der Besprechung in das große Stadion.

Dort schauen wir uns von
der hohen Tribüne echte Profis
bei der Arbeit an.
Das ist ein toller Abschluss
für den Trainingstag.

Leserätsel

Was ist richtig? Kreuze an!

Wo trainiert Norbert mit dem Team vor dem Spiel?

OR Vor der Imbissbude

KA Auf dem Rasenplatz

ZU Im Supermarkt

Worum geht es beim Spiel am Wochenende?

ME Um den Pokalsieg

TR Um eine Runde Freigetränke

EL Um einen Sack Fußbälle

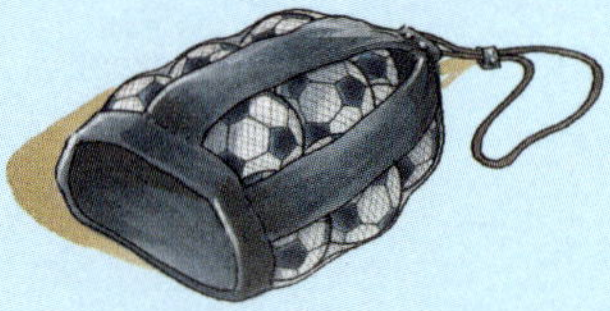

Was bespricht Norbert mit dem Team im Vereinshaus?

PL Das Essen nach dem Spiel

SU Welche Kleidung getragen wird

RA Die Taktik und die Aufstellung

Womit hat Norbert das letzte Spiel seines Teams gefilmt?

Mit einer _ _ _ _ _ _

Ein spannendes Spiel

Heute ist der große Tag.
Beide Teams stellen sich
auf dem Spielfeld auf.
In der Mitte sind der Schiedsrichter,
eine Linienrichterin und ein Linienrichter.
Ganz außen stehen mein Trainer und
die Trainerin des anderen Teams.

Unser Spielführer überreicht der gegnerischen Spielführerin einen Vereinswimpel und bekommt auch von ihr einen Wimpel geschenkt.
Sie geben sich die Hände.
Dann ermahnt der Schiedsrichter alle zum fairen Spiel und kurz darauf beginnt die erste Halbzeit.

Norbert verfolgt das Spiel
von der Trainerbank aus und gibt
immer wieder Anweisungen.
Wir rennen viel und geben
unser Bestes.

Wenn einer von uns erschöpft ist,
wechselt Norbert einen frischen Spieler ein.
Außerdem ist es gerecht, wenn jeder
oder jede aus dem Team spielen kann.
Unsere Betreuerin Sabine verfolgt
das Spiel ebenfalls genau.
Sie kümmert sich um uns,
wenn wir vom Spielfeld kommen.
Vor allem achtet sie darauf,
dass wir viel trinken.

Dann ist Halbzeitpause.
Norbert gibt Tipps für Verbesserungen.
Sabine kümmert sich um Verletzte.
Gerade kühlt sie das Knie von Franko,
der einen Tritt gegen das Bein
bekommen hat.
Das ist aber nicht schlimm.

C

Das Spiel ist fast schon zu Ende.
Da bekomme ich eine Flanke
von unserer Mittelfeldspielerin
genau vor die Füße.
Ich brauche nur noch zu schießen.
Diesmal achte ich darauf, den Körper
über den Ball zu bekommen.

Und tatsächlich geht er unhaltbar
in der rechten Ecke ins Tor.
Kurz danach ist das Spiel zu Ende
und wir gewinnen 1:0.
Nach dem Spiel geht Norbert zum
gegnerischen Team und bedankt sich
für das faire Spiel.

Der Jubel ist groß, als unser Team schließlich den Pokal in Händen hält.
Am nächsten Tag ist in der Zeitung sogar ein Bericht vom Spiel mit einem Foto von uns.
Wir sind alle mächtig stolz.

NEUE NACHR

SPORT

Großartiger Erfolg der F-Jugend im alten Sta

dpa. Gestern gab es endlich mal wieder einen sportlichen Höhepunkt zu feiern. In einem spannenden Finale konnte sich die F-Jugendmannschaft des 1. FC Sternberg gegen den SC Mondhausen mit einem 1:0 durchsetzen und den Pokal für sich gewinnen. Kurz vor Spielende gelang es dem Mannschaftskapitän nach einer perfekten Vorlage durch die Mittelstürmerin, den Ball unhaltbar unter der Latte im Tor zu platzieren. Dank einer intensiven Vorbereitung konnte der Trainer die Mannschaftsleistung in diesem Jahr so weit steigern, dass der Pokalgewinn in greifbare Nähe rückte.

Eine großartige Leistung des Team und ein gelungener Abschluss der diesjährigen Spielsaison.
Unseren herzlichen Glückwunsch!

Am Tag nach dem Spiel treffen wir uns
alle noch mal im Vereinsheim.
Der Pokal bekommt einen Platz
im Trophäenschrank.
Der Vereinsvorsitzende bedankt sich
bei uns für unseren Einsatz.
Und bei Norbert für seine
hervorragende Arbeit als Trainer.
Denn ohne ihn hätten wir den Pokal
bestimmt nicht gewonnen.
„Ehre, wem Ehre gebührt!“,
heißt es doch immer.

Leserätsel

Was ist richtig? Kreuze an!

Wer ermahnt alle zum fairen Spiel?

ARS Der Trainer

TRO Der Schiedsrichter

BIS Der Linienrichter

Von wo aus verfolgt Norbert das Spiel?

PHÄ Von der Trainerbank aus

STR Aus dem Strafraum

BLU Er steht hinter dem Tor

Wer sorgt dafür, dass die Kinder viel trinken?

FAL Die Mutter eines Kindes

URS Die flotte Lotte

ENS Die Betreuerin Sabine

Wann gibt Norbert Tipps für Verbesserungen?

- GUR Vor Spielbeginn
- CHR In der Halbzeitpause
- TRU Während des Spiels

Wofür bedankt sich Norbert nach dem Spiel beim gegnerischen Team?

- ANK Für das faire Spiel
- ZEH Für die vielen Zuschauer
- DOK Dafür, dass sie gekommen sind

Die Buchstaben neben den richtigen Antworten verraten dir, wo die Pokale im Vereinsheim aufbewahrt werden:

im _ _ _ _ _ _ _ _ _ _ _ _ _ _ _.

Infoseite
Diese Dinge sind wichtig beim Fußball

Ordnermütze

Rote und Gelbe Karte

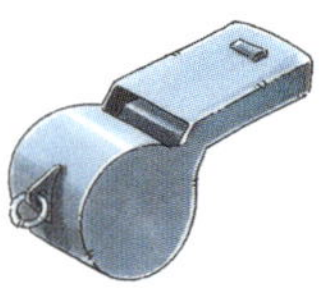

Schiedsrichter-pfeife

Trinkflasche

Torwart-handschuhe

Flagge der Linienrichter

Andere, die genauso gern Fußball spielen wie du

Sporttasche

Kapitänsbinde

Stutzen

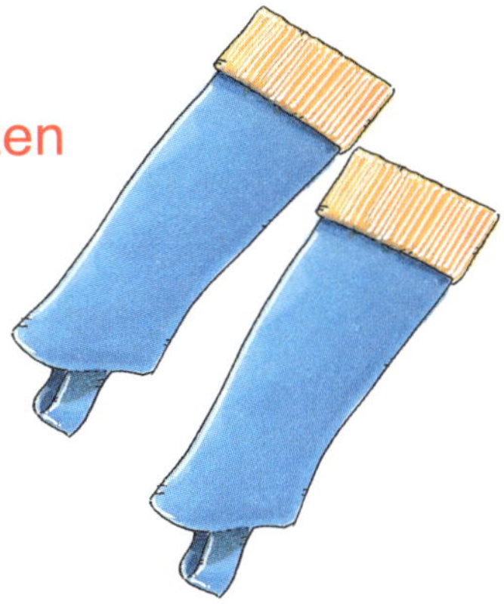

Trainingshütchen

Schienbeinschoner

Fußball, Trainingskleidung
und Fußballschuhe

Lösungen

Seite 122/123:
Sie trainieren auf dem Rasenplatz.
Bei dem Spiel am Wochenende
geht es um den Pokalsieg.
Er bespricht die Taktik und die
Aufstellung des Teams.
Norbert hat das letzte Spiel mit einer
KAMERA gefilmt.

Seite 134/135:
Der Schiedsrichter ermahnt alle zum fairen Spiel.
Norbert verfolgt das Spiel von der Trainerbank aus.
Die Betreuerin Sabine sorgt dafür, dass die Kinder
viel trinken.
In der Halbzeitpause gibt Norbert Tipps für
Verbesserungen.
Nach dem Spiel bedankt sich Norbert beim
gegnerischen Team für das faire Spiel.
Das Lösungswort lautet TROPHÄENSCHRANK.

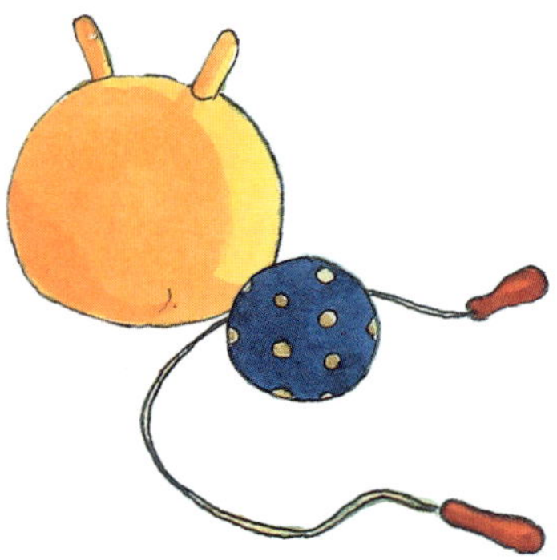

Wir machen Sport

Eine Geschichte von Sandra Ladwig
mit Bildern von Sigrid Leberer

Kinder-Olympiade

Alle freuen sich: Endlich ist Sportwoche.
Im Hof und im Turnraum sind
verschiedene Stationen aufgebaut.
Jeden Tag können die Kinder
ausprobieren, was ihnen Spaß macht.
Am Ende der Woche soll eine
Kinder-Olympiade stattfinden.
Darauf freuen sich schon alle.
Jedes Kind hat ein Foto mitgebracht,
das es bei seiner
Lieblingssportart zeigt.

Die Lehrerin hängt die Fotos auf.
Sofort fangen alle an zu erzählen,
was sie machen.
„Moment, nicht alle durcheinander“,
lacht die Lehrerin. „Am besten
erzählt ihr der Reihe nach.“

Paula geht jeden Mittwoch
zum Kinderturnen.
Früher war Mama noch dabei.
Aber jetzt bleibt Paula schon
alleine in der Turnhalle.
Die Turnlehrerin baut Stationen
aus verschiedenen Geräten auf.
Nacheinander laufen die Kinder
über Bänke, schwingen an Seilen
und klettern über Kästen.

Am besten gefallen Paula
das kleine Trampolin und
die dicken Matten, auf denen man
Purzelbäume machen kann.

Anton spielt Fußball in einem Verein.
„Wir sind ein tolles Team“,
erzählt Anton stolz.
Auf dem Fußballplatz steckt der Trainer
ein kleines Feld ab.
Das gesamte Fußballfeld ist noch
zu groß für Anton und seine Freunde.
Bei ihnen hat jedes Team
auch nur acht Spieler oder Spielerinnen
statt elf.

Zum Geburtstag hat Anton eine richtige Fußballausrüstung bekommen: ein T-Shirt und eine Hose in den Farben seines Lieblingsteams, Schienbeinschützer und Fußballschuhe mit Stollen.
„Aber wir üben schon die gleichen Sachen wie die Großen“, erklärt Anton.

Fine erzählt vom Ballettunterricht.
Am Anfang zeigt die Ballettlehrerin
den Kindern Übungen an der Stange.
Danach tanzen alle in der Mitte
des Raums zu schöner Ballettmusik.
Bald hat Fine ihren ersten Auftritt.
Die ganze Ballettschule führt
ein Märchen auf.
Mit den anderen aus ihrer Gruppe
tanzt Fine den Tanz der Feen.

Dann wird sie ein weißes Tutu tragen.
„Wenn ich groß bin, darf ich auch
Spitzenschuhe anziehen“, sagt Fine.
„Aber das dauert noch lange.
Und bis dahin muss ich noch viel üben.“

Mattis hat vor Kurzem mit
Judo-Unterricht begonnen.
Von seinem großen Bruder Leon
hat er den alten Judoanzug
mit dem weißen Gürtel bekommen.
Leon ist schon acht Jahre alt.
Er hat gerade die Prüfung für
den weiß-gelben Gürtel bestanden.
Mit ihrem Judotrainer und den anderen
Schülerinnen und Schülern treffen sich
Mattis und Leon im Dojo.

So nennt man den Übungsraum.
Dort lernen sie, wie man sich fallen lässt und wie man den Gegner auf den Boden wirft.
Beim Judo geht es darum, dass man fair miteinander kämpft, ohne sich wehzutun.
„Gerade üben wir O-goshi, das ist ein Wurf über die Schulter“, erzählt Mattis.

Julia geht mit ihrer Freundin
Anna zum Kinderyoga.
„Yoga kommt aus Indien“, erklärt Julia.
„Deshalb gibt es viele unbekannte Wörter.
Eins habe ich mir gemerkt: Namasté.
Das sagen wir immer zur Begrüßung.“
Nach der Begrüßung erzählt die
Yogalehrerin eine Geschichte.
Die verschiedenen Gegenstände
und Tiere, die darin vorkommen,
stellen die Kinder dann dar.

„Es gibt die Katze, den Schmetterling,
den Baum und noch vieles mehr“,
erzählt Julia. „Am liebsten mag ich
die Traumreise zum Schluss“,
sagt sie und kichert: „Letztes Mal ist
Anna dabei sogar eingeschlafen.“

Bald fährt Niklas mit
seinen Eltern in Urlaub.
„Dort möchte ich im Meer
schwimmen. Deshalb mache ich
einen Schwimmkurs“, erzählt er.
Der Schwimmlehrer zeigt Niklas,
wie er Arme und Beine beim
Brustschwimmen bewegen muss.
Ein bisschen sieht das aus
wie ein Frosch, findet Niklas.
Wichtig ist auch das gleichmäßige
Ein- und Ausatmen.

Das ist gar nicht so einfach.
Am Ende des Schwimmkurses möchte Niklas das Seepferdchen-Abzeichen machen.
Dafür muss er eine ganze Bahn alleine schwimmen, einmal vom Beckenrand springen und nach einem Ring tauchen.

„Heute gehe ich mit Mama
in den Reitstall“, erzählt Ronja.
„Mein Lieblingspony heißt Moritz.
Bevor ich auf ihm reite,
müssen wir es gründlich putzen.“
Danach legt Mama die Satteldecke
und den Sattel auf.

Ronja zieht ihren Reithelm an
und schon geht es los.
„Wenn ich älter bin, darf ich auch auf
einem großen Pferd reiten“, sagt sie.

Die großen Mädchen üben Dressurreiten.
Andere haben Springunterricht.
Ronja möchte gern voltigieren lernen.
„Das ist wie turnen auf einem Pferd“,
erklärt sie.

Jona erzählt, dass er sich auf
die Zeit nach Weihnachten freut,
wenn er mit seinen Eltern in die Berge
zum Skifahren fährt.
Mama packt Jonas Skianzug,
seine dicken Handschuhe,
eine Skibrille und einen Helm ein.

Skier, Skischuhe und Stöcke leihen Jonas Eltern in der Skischule aus. Hier hat Jona im letzten Jahr auch das Skifahren gelernt. Die Skilehrerin hat Jona und den anderen Kindern beigebracht, wie man bremst, Kurven fährt und den Lift benutzt. „Am Ende des Skikurses gab es sogar ein Rennen. Und das habe ich gewonnen“, erzählt Jona stolz.

Nach der Schule treffen sich
Emil und Natalia oft in der
kleinen Straße, in der sie wohnen.
In der Sackgasse fahren kaum Autos.
Deshalb haben sie genug Platz,
um Hindernisse aufzubauen und
mit ihren Fahrrädern Kurven zu üben.
Natalia zeigt Emil stolz ihren neuen
Helm, den sie von Oma und Opa
bekommen hat.

Wenn Emil groß ist, möchte er auch
so ein tolles Rad haben wie sein Papa.
Der fährt richtige Radrennen.
Das Rennrad von Papa hat
einen speziellen Lenker und
ganz dünne Reifen.

Zum Abschluss der Sportwoche findet heute die Kinder-Olympiade statt. Die Eltern von Niklas, Paula, Mattis und den anderen Kindern sind gekommen, um das Sportfest zu feiern. „Mama, ich kann balancieren“, ruft Fine und läuft mit ausgestreckten Armen über eine Bank.

Jona und Mattis versuchen,
mit Bällen Dosen abzuwerfen,
die auf einem Tisch
aufgebaut sind.

An jeder Station bekommen die Kinder
einen Stempel in ihren Olympiade-Pass.
„Ein Stempel fehlt mir“,
sagt Jona traurig. Er wollte nicht
über die Bank balancieren.
„Das macht nichts“,
tröstet ihn die Lehrerin.
„Nächstes Mal traust du dich bestimmt.
Und dafür hast du heute super
die Dosen abgeworfen.“

Jedes Kind bekommt eine Urkunde
und eine Medaille.
Und als die Lehrerin ein Foto macht,
strahlt Jona schon wieder mit
den anderen Kindern um die Wette.

Leserätsel

Ergänze die fehlenden Wörter.

Paula geht am ☐ (1) _ _ _ _ _ _ _

zum Kinderturnen. Die Turnlehrerin

baut _ _ _ _ _ _ _ _ ☐ (2) _

aus verschiedenen Geräten auf.

Die Matten sind ☐ (3) _ _ _.

Das _ _ ☐ (4) _ _ _ _ _ _ gefällt

Paula besonders gut. Anton spielt

Fußball in einem _ _ _ _ ☐ (5) _.

Fine geht zum _ _ ☐ (6) ☐ (7) _ _ _.

Leon hat beim Judo den weiß-gelben

_ _ _ _ ☐ (8) _ bekommen.

Am Ende der Kinder-Olympiade bekommt

jedes Kind eine _ _ _ _ _ _ _ _.

1 2 3 4 5 6 7 8

Kreuze an, was richtig ist.

Welches Abzeichen will Niklas machen?

BL Das Clownfisch-Abzeichen

UR Das Seepferdchen-Abzeichen

Wohin geht Ronja?

KU In den Reitstall

KI In den Wald

Was macht Jona in den Ferien?

WE Er geht Rad fahren.

ND Er geht Ski fahren.

Wer fährt richtige Radrennen?

O Emils Mama

E Emils Papa

Zusätzlich bekommt jedes Kind

eine _ _ _ _ _ _ _ .

Lösungen

Seite 166/167:

Paula geht am MITTWOCH zum Kinderturnen.
Die Turnlehrerin baut STATIONEN aus verschiedenen Geräten auf.
Die Matten sind DICK.
Das TRAMPOLIN gefällt Paula besonders gut.
Anton spielt Fußball in einem VEREIN.
Fine geht zum BALLETT.
Leon hat beim Judo den weiß-gelben GÜRTEL bekommen.
Am Ende der Kinder-Olympiade bekommt jedes Kind eine MEDAILLE.

Niklas will das Seepferdchen-Abzeichen machen.
Ronja geht in den Reitstall.
Jona geht Ski fahren.
Emils Papa fährt richtige Radrennen.
Zusätzlich bekommt jedes Kind eine URKUNDE.

Lesen lernen mit der Lesemaus

Liebe Eltern,

alle Kinder wollen Lesen lernen. Sie sind von Natur aus wissbegierig. Diese Neugierde Ihres Kindes können Sie nutzen und das Lesenlernen frühzeitig fördern. Denn Lesen ist die Basiskompetenz für alles weitere Lernen. Aber Lesenlernen ist nicht immer einfach. Es ist wie mit dem Fahrradfahren: Man lernt es nur durch Üben – also durch Lesen.

Lesespaß mit Lesepass

Je regelmäßiger Ihr Kind übt, desto schneller und besser wird es das Lesen beherrschen. Eine schöne Motivation kann dabei ein Lesepass sein, den Sie zusammen mit Ihrem Kind basteln können.
Vereinbaren Sie mit ihm eine kleine Belohnung, die es für eine bestimmte Anzahl an Trainingsminuten gibt.
Eine Leseeinheit können zum Beispiel 10 Minuten sein.
Für jede Leseeinheit gibt es einen Sammelpunkt – und nach einer zu vereinbarenden Anzahl von Punkten dann die kleine Belohnung.

Wie können Sie Ihr Kind beim Lesenlernen unterstützen?

Je positiver Kinder das Lesen erleben, desto motivierter sind sie, es selbst zu lernen. Versuchen Sie, Ihrem Kind

ein Vorbild zu sein. Zeigen Sie Ihrem Kind, dass Lesen und Schreiben zum Alltag gehören. Etablieren Sie gemeinsame Leserituale. So erfährt Ihr Kind: Lesen macht Spaß!
Lesen Sie Ihrem Kind mindestens bis zum Ende der Grundschulzeit vor. Auch wenn Ihr Kind zunehmend eigenständig liest, bleibt das Vorlesen ein schönes und sinnvolles Ritual.

Lesen lernen mit der Lesemaus

Jedes Kind lernt unterschiedlich schnell lesen. Orientieren Sie sich bei der Auswahl von Erstlesebüchern daher an den Interessen und Lesefähigkeiten Ihres Kindes. Die Geschichten sollen Ihr Kind fordern, aber nicht überfordern. Die Lesemaus zum Lesenlernen bietet spannende und leicht verständliche Geschichten für Leseanfänger. Altersgerechte Illustrationen helfen, das Gelesene zu verstehen.
Mit lustigen Leserätseln können die Kinder ihre Lernerfolge spielerisch selbst überprüfen. Außerdem gibt es in jedem Band interessante Sachinfos für Jungen und Mädchen.

Ihnen und Ihrem Kind viel Spaß beim Lesen!

Wir produzieren nachhaltig
• Klimaneutrales Produkt
• Papiere aus nachhaltigen und kontrollierten Quellen
• Hergestellt in Europa

FSC
www.fsc.org
MIX
Papier | Fördert gute Waldnutzung
FSC® C002795

Sonderausgabe im Sammelband

ISBN: 978-3-551-06668-8

Illustration der Lesemaus: Hildegard Müller, Steffen Meier
Umschlagillustration: Sigrid Leberer
Illustrationen Vorsatzpapier: Sigrid Leberer
Umschlagkonzeption: Gunta Lauck
Lesemaus-Redaktion: Anja Kunle
Lektorat: Constanze Steindamm
Satz: Karin Kröll
Lithografie: ReproTechnik Ronald Fromme, Hamburg

Anni und Nils turnen

Das beste Fahrrad der Welt

Ein spannendes Turnier

Jule traut sich!

Ich hab einen Freund, der ist Fußballtrainer

Wir machen Sport